Quade

di Viaggio in Moto

Viaggio n°......

Data di partenza : / /	Data di arrivo : / /
Ore : O	Ore : O

Percorso | Tipo di Strada

Numero di CM : ....

Numero di Ore : ....

☐ Bitume ☐ Tutti i terreni

☐ Altro : ....

Meteo

☐ 1 ☐ 2 ☐ 3 ☐ 4 ☐ 5   .... C°/F

Itinerari | Mappa

Partenza

Luogo : ....

Luogo latitudine : ....

Luogo longitudine : ....

Arrivo

Luogo : ....

Luogo latitudine : ....

Luogo longitudine : ....

Verifiche tecniche pre-partenza

☐ Pneumatici : .... ☐ Strumenti : ....

☐ Catena : .... ☐ Vestiti : ....

☐ Livello dell'olio : .... ☐ Kit medico : ....

☐ Fari : .... ☐ .... : ....

☐ Freni : .... ☐ .... : ....

Note | Altro

Viaggio n°......

Data di partenza : / /	Data di arrivo : / /
Ore : O	Ore : O

Percorso / Tipo di Strada

Numero di CM : ....

Numero di Ore : ....

☐ Bitume ☐ Tutti i terreni

☐ Altro : ....

Meteo

☐ 1 ☐ 2 ☐ 3 ☐ 4 ☐ 5   .... C°/F

Itinerari

Partenza

Luogo : ....

Luogo latitudine : ....

Luogo longitudine : ....

Arrivo

Luogo : ....

Luogo latitudine : ....

Luogo longitudine : ....

Mappa

Verifiche tecniche pre-partenza

☐ Pneumatici : ....

☐ Catena : ....

☐ Livello dell'olio : ....

☐ Fari : ....

☐ Freni : ....

☐ Strumenti : ....

☐ Vestiti : ....

☐ Kit medico : ....

☐ .... : ....

☐ .... : ....

Note

....
....
....
....
....
....
....

Altro

Viaggio n°......

Data di partenza : / /	Data di arrivo : / /
Ore : O	Ore : O

Percorso

Numero di CM : ....

Numero di Ore : ....

Tipo di Strada

☐ Bitume   ☐ Tutti i terreni

☐ Altro : ....

Meteo

☐ 1 ☐ 2 ☐ 3 ☐ 4 ☐ 5   _____ C°/F

Itinerari

Partenza
Luogo : ....
Luogo latitudine : ....
Luogo longitudine : ....

Arrivo
Luogo : ....
Luogo latitudine : ....
Luogo longitudine : ....

Mappa

Verifiche tecniche pre-partenza

☐ Pneumatici : ....

☐ Catena : ....

☐ Livello dell'olio : ....

☐ Fari : ....

☐ Freni : ....

☐ Strumenti : ....

☐ Vestiti : ....

☐ Kit medico : ....

☐ .... : ....

☐ .... : ....

Note

Altro

Viaggio n°......

Data di partenza : / /	Data di arrivo : / /
Ore : O	Ore : O

Percorso

Numero di CM : ....

Numero di Ore : ....

Tipo di Strada

☐ Bitume   ☐ Tutti i terreni

☐ Altro : ....

Meteo

☐ 1 ☐ 2 ☐ 3 ☐ 4 ☐ 5   .... C°/F

Itinerari

Partenza
Luogo : ....
Luogo latitudine : ....
Luogo longitudine : ....

Arrivo
Luogo : ....
Luogo latitudine : ....
Luogo longitudine : ....

Mappa

Verifiche tecniche pre-partenza

☐ Pneumatici : ....   ☐ Strumenti : ....

☐ Catena : ....   ☐ Vestiti : ....

☐ Livello dell'olio : ....   ☐ Kit medico : ....

☐ Fari : ....   ☐ .... : ....

☐ Freni : ....   ☐ .... : ....

Note

Altro

Viaggio n°......

Data di partenza : / /	Data di arrivo : / /
Ore : O	Ore : O

Percorso

Numero di CM : ....

Numero di Ore : ....

Tipo di Strada

☐ Bitume ☐ Tutti i terreni

☐ Altro : ....

Meteo

☐ 1 ☐ 2 ☐ 3 ☐ 4 ☐ 5 .... C°/F

Itinerari

Partenza

Luogo : ....

Luogo latitudine : ....

Luogo longitudine : ....

Arrivo

Luogo : ....

Luogo latitudine : ....

Luogo longitudine : ....

Mappa

Verifiche tecniche pre-partenza

☐ Pneumatici : ....

☐ Catena : ....

☐ Livello dell'olio : ....

☐ Fari : ....

☐ Freni : ....

☐ Strumenti : ....

☐ Vestiti : ....

☐ Kit medico : ....

☐ .... : ....

☐ .... : ....

Note

Altro

Viaggio n°......

Data di partenza : / /	Data di arrivo : / /
Ore : O	Ore : O

Percorso | Tipo di Strada

Numero di CM : ....

Numero di Ore : ....

☐ Bitume ☐ Tutti i terreni

☐ Altro : ....

Meteo

☐ 1 ☐ 2 ☐ 3 ☐ 4 ☐ 5   .... C°/F

Itinerari | Mappa

Partenza
Luogo : ....
Luogo latitudine : ....
Luogo longitudine : ....

Arrivo
Luogo : ....
Luogo latitudine : ....
Luogo longitudine : ....

Verifiche tecniche pre-partenza

☐ Pneumatici : ....   ☐ Strumenti : ....

☐ Catena : ....   ☐ Vestiti : ....

☐ Livello dell'olio : ....   ☐ Kit medico : ....

☐ Fari : ....   ☐ .... : ....

☐ Freni : ....   ☐ .... : ....

Note | Altro

Viaggio n°......

Data di partenza : / /	Data di arrivo : / /
Ore : O	Ore : O

Percorso / Tipo di Strada

Numero di CM : ....

Numero di Ore : ....

☐ Bitume   ☐ Tutti i terreni

☐ Altro : ....

Meteo

☀ ⛅ ☁ 🌧 ⛈ ❄*   💨 ☐ 1 ☐ 2 ☐ 3 ☐ 4 ☐ 5   🌡 .... C°/F

Itinerari

Partenza
Luogo : ....
Luogo latitudine : ....
Luogo longitudine : ....

Arrivo
Luogo : ....
Luogo latitudine : ....
Luogo longitudine : ....

Mappa

Verifiche tecniche pre-partenza

☐ Pneumatici : ....   ☐ Strumenti : ....

☐ Catena : ....   ☐ Vestiti : ....

☐ Livello dell'olio : ....   ☐ Kit medico : ....

☐ Fari : ....   ☐ .... : ....

☐ Freni : ....   ☐ .... : ....

Note

Altro

Viaggio n°......

Data di partenza : / /	Data di arrivo : / /
Ore : O	Ore : O

Percorso

Numero di CM : ....

Numero di Ore : ....

Tipo di Strada

☐ Bitume ☐ Tutti i terreni

☐ Altro : ....

Meteo

☐ 1 ☐ 2 ☐ 3 ☐ 4 ☐ 5   .... C°/F

Itinerari

Partenza
Luogo : ....
Luogo latitudine : ....
Luogo longitudine : ....

Arrivo
Luogo : ....
Luogo latitudine : ....
Luogo longitudine : ....

Mappa

Verifiche tecniche pre-partenza

☐ Pneumatici :	☐ Strumenti : ....
☐ Catena :	☐ Vestiti : ....
☐ Livello dell'olio :	☐ Kit medico : ....
☐ Fari :	☐ .... : ....
☐ Freni :	☐ .... : ....

Note

Altro

Viaggio n°......

Data di partenza : / /	Data di arrivo : / /
Ore : O	Ore : O

Percorso / Tipo di Strada

Numero di CM : ....

Numero di Ore : ....

☐ Bitume   ☐ Tutti i terreni

☐ Altro : ....

Meteo

☐ 1 ☐ 2 ☐ 3 ☐ 4 ☐ 5   .... C°/F

Itinerari / Mappa

Partenza

Luogo : ....

Luogo latitudine : ....

Luogo longitudine : ....

Arrivo

Luogo : ....

Luogo latitudine : ....

Luogo longitudine : ....

Verifiche tecniche pre-partenza

☐ Pneumatici : ....

☐ Catena : ....

☐ Livello dell'olio : ....

☐ Fari : ....

☐ Freni : ....

☐ Strumenti : ....

☐ Vestiti : ....

☐ Kit medico : ....

☐ .... : ....

☐ .... : ....

Note / Altro

Viaggio n°......

Data di partenza : / /	Data di arrivo : / /
Ore : O	Ore : O

Percorso

Numero di CM : ....

Numero di Ore : ....

Tipo di Strada

☐ Bitume   ☐ Tutti i terreni

☐ Altro : ....

Meteo

☐ 1 ☐ 2 ☐ 3 ☐ 4 ☐ 5   .... C°/F

Itinerari

Partenza
Luogo : ....
Luogo latitudine : ....
Luogo longitudine : ....

Arrivo
Luogo : ....
Luogo latitudine : ....
Luogo longitudine : ....

Mappa

Verifiche tecniche pre-partenza

☐ Pneumatici : ....

☐ Catena : ....

☐ Livello dell'olio : ....

☐ Fari : ....

☐ Freni : ....

☐ Strumenti : ....

☐ Vestiti : ....

☐ Kit medico : ....

☐ .... : ....

☐ .... : ....

Note

....
....
....
....
....
....
....

Altro

Viaggio n°......

Data di partenza : / /	Data di arrivo : / /
Ore : O	Ore : O

Percorso / Tipo di Strada

Numero di CM : ....

Numero di Ore : ....

☐ Bitume   ☐ Tutti i terreni

☐ Altro : ....

Meteo

☐ 1   ☐ 2   ☐ 3   ☐ 4   ☐ 5   .... C°/F

Itinerari

Partenza
Luogo : ....
Luogo latitudine : ....
Luogo longitudine : ....

Arrivo
Luogo : ....
Luogo latitudine : ....
Luogo longitudine : ....

Mappa

Verifiche tecniche pre-partenza

☐ Pneumatici : ....

☐ Catena : ....

☐ Livello dell'olio : ....

☐ Fari : ....

☐ Freni : ....

☐ Strumenti : ....

☐ Vestiti : ....

☐ Kit medico : ....

☐ .... : ....

☐ .... : ....

Note

Altro

Viaggio n°......

Data di partenza : / /	Data di arrivo : / /
Ore : O	Ore : O

Percorso / Tipo di Strada

Numero di CM : ....

Numero di Ore : ....

☐ Bitume   ☐ Tutti i terreni

☐ Altro : ....

Meteo

☀ ⛅ ☁ 🌧 ⛈ ❄   💨 ☐ 1 ☐ 2 ☐ 3 ☐ 4 ☐ 5   🌡 .... C°/F

Itinerari

Partenza
Luogo : ....
Luogo latitudine : ....
Luogo longitudine : ....

Arrivo
Luogo : ....
Luogo latitudine : ....
Luogo longitudine : ....

Mappa

Verifiche tecniche pre-partenza

☐ Pneumatici : ....

☐ Catena : ....

☐ Livello dell'olio : ....

☐ Fari : ....

☐ Freni : ....

☐ Strumenti : ....

☐ Vestiti : ....

☐ Kit medico : ....

☐ .... : ....

☐ .... : ....

Note

Altro

Viaggio n°......

Data di partenza :   /   /
Ore :   O

Data di arrivo :   /   /
Ore :   O

Percorso

Numero di CM : ....
Numero di Ore : ....

Tipo di Strada

☐ Bitume   ☐ Tutti i terreni
☐ Altro : ....

Meteo

☐ 1 ☐ 2 ☐ 3 ☐ 4 ☐ 5   .... C°/F

Itinerari

Partenza
Luogo : ....
Luogo latitudine : ....
Luogo longitudine : ....

Arrivo
Luogo : ....
Luogo latitudine : ....
Luogo longitudine : ....

Mappa

Verifiche tecniche pre-partenza

☐ Pneumatici : ....
☐ Catena : ....
☐ Livello dell'olio : ....
☐ Fari : ....
☐ Freni : ....

☐ Strumenti : ....
☐ Vestiti : ....
☐ Kit medico : ....
☐ .... : ....
☐ .... : ....

Note

Altro

Viaggio n°......

Data di partenza : / /
Ore :   O

Data di arrivo : / /
Ore :   O

Percorso

Numero di CM : ....
Numero di Ore : ....

Tipo di Strada

☐ Bitume ☐ Tutti i terreni
☐ Altro : ....

Meteo

☐ 1 ☐ 2 ☐ 3 ☐ 4 ☐ 5   .... C°/F

Itinerari

Partenza
Luogo : ....
Luogo latitudine : ....
Luogo longitudine : ....

Arrivo
Luogo : ....
Luogo latitudine : ....
Luogo longitudine : ....

Mappa

Verifiche tecniche pre-partenza

☐ Pneumatici : ....
☐ Catena : ....
☐ Livello dell'olio : ....
☐ Fari : ....
☐ Freni : ....

☐ Strumenti : ....
☐ Vestiti : ....
☐ Kit medico : ....
☐ .... : ....
☐ .... : ....

Note

....
....
....
....
....
....

Altro

....
....
....
....
....
....

Viaggio n°......

Data di partenza : / /	Data di arrivo : / /
Ore : O	Ore : O

Percorso

Numero di CM : ....

Numero di Ore : ....

Tipo di Strada

☐ Bitume   ☐ Tutti i terreni

☐ Altro : ....

Meteo

☐ 1 ☐ 2 ☐ 3 ☐ 4 ☐ 5   .... C°/F

Itinerari

Partenza

Luogo : ....

Luogo latitudine : ....

Luogo longitudine : ....

Arrivo

Luogo : ....

Luogo latitudine : ....

Luogo longitudine : ....

Mappa

Verifiche tecniche pre-partenza

☐ Pneumatici : ....   ☐ Strumenti : ....

☐ Catena : ....   ☐ Vestiti : ....

☐ Livello dell'olio : ....   ☐ Kit medico : ....

☐ Fari : ....   ☐ .... : ....

☐ Freni : ....   ☐ .... : ....

Note

Altro

Viaggio n°......

Data di partenza : / /	Data di arrivo : / /
Ore : O	Ore : O

Percorso
Numero di CM : ....
Numero di Ore : ....

Tipo di Strada
☐ Bitume ☐ Tutti i terreni
☐ Altro : ....

Meteo
☀ ⛅ ☁ 🌧 ⛈ ❄ 　 💨 　 ☐1 ☐2 ☐3 ☐4 ☐5 　 🌡 .... C°/F

Itinerari

Partenza
Luogo : ....
Luogo latitudine : ....
Luogo longitudine : ....

Arrivo
Luogo : ....
Luogo latitudine : ....
Luogo longitudine : ....

Mappa

Verifiche tecniche pre-partenza

☐ Pneumatici : ....
☐ Catena : ....
☐ Livello dell'olio : ....
☐ Fari : ....
☐ Freni : ....

☐ Strumenti : ....
☐ Vestiti : ....
☐ Kit medico : ....
☐ .... : ....
☐ .... : ....

Note

....
....
....
....
....
....
....

Altro

Viaggio n°......

Data di partenza : / /	Data di arrivo : / /
Ore : O	Ore : O

Percorso

Numero di CM : ....

Numero di Ore : ....

Tipo di Strada

☐ Bitume   ☐ Tutti i terreni

☐ Altro : ....

Meteo

☀ ⛅ ☁ 🌧 ⛈ ❄*   ≋ ☐1 ☐2 ☐3 ☐4 ☐5   🌡 .... C°/F

Itinerari

Partenza

Luogo : ....

Luogo latitudine : ....

Luogo longitudine : ....

Arrivo

Luogo : ....

Luogo latitudine : ....

Luogo longitudine : ....

Mappa

Verifiche tecniche pre-partenza

☐ Pneumatici : ....   ☐ Strumenti : ....

☐ Catena : ....   ☐ Vestiti : ....

☐ Livello dell'olio : .... ☐ Kit medico : ....

☐ Fari : ....   ☐ .... : ....

☐ Freni : ....   ☐ .... : ....

Note

Altro

Viaggio n°......

Data di partenza : / /	Data di arrivo : / /
Ore : O	Ore : O

Percorso | Tipo di Strada

Numero di CM : ....

Numero di Ore : ....

☐ Bitume   ☐ Tutti i terreni

☐ Altro : ....

Meteo

☐ 1 ☐ 2 ☐ 3 ☐ 4 ☐ 5   .... C°/F

Itinerari | Mappa

Partenza
Luogo : ....
Luogo latitudine : ....
Luogo longitudine : ....

Arrivo
Luogo : ....
Luogo latitudine : ....
Luogo longitudine : ....

Verifiche tecniche pre-partenza

☐ Pneumatici : ....   ☐ Strumenti : ....

☐ Catena : ....   ☐ Vestiti : ....

☐ Livello dell'olio : ....   ☐ Kit medico : ....

☐ Fari : ....   ☐ .... : ....

☐ Freni : ....   ☐ .... : ....

Note | Altro

Viaggio n°......

Data di partenza : / /	Data di arrivo : / /
Ore : O	Ore : O

Percorso / Tipo di Strada

Numero di CM : ....

Numero di Ore : ....

☐ Bitume   ☐ Tutti i terreni

☐ Altro : ....

Meteo

☀ ⛅ ☁ 🌧 ⛈ ❄*   💨   ☐ 1 ☐ 2 ☐ 3 ☐ 4 ☐ 5   🌡 .... C°/F

Itinerari

Partenza

Luogo : ....

Luogo latitudine : ....

Luogo longitudine : ....

Arrivo

Luogo : ....

Luogo latitudine : ....

Luogo longitudine : ....

Mappa

Verifiche tecniche pre-partenza

☐ Pneumatici : ....

☐ Catena : ....

☐ Livello dell'olio : ....

☐ Fari : ....

☐ Freni : ....

☐ Strumenti : ....

☐ Vestiti : ....

☐ Kit medico : ....

☐ .... : ....

☐ .... : ....

Note

Altro

Viaggio n°......

Data di partenza : / /	Data di arrivo : / /
Ore : O	Ore : O

Percorso

Numero di CM : ....

Numero di Ore : ....

Tipo di Strada

☐ Bitume   ☐ Tutti i terreni

☐ Altro : ....

Meteo

☀️ ⛅ ☁️ 🌧️ ⛈️ ❄️   💨   ☐ 1 ☐ 2 ☐ 3 ☐ 4 ☐ 5   🌡️ .... C°/F

Itinerari

Partenza

Luogo : ....

Luogo latitudine : ....

Luogo longitudine : ....

Arrivo

Luogo : ....

Luogo latitudine : ....

Luogo longitudine : ....

Mappa

Verifiche tecniche pre-partenza

☐ Pneumatici : ....   ☐ Strumenti : ....

☐ Catena : ....   ☐ Vestiti : ....

☐ Livello dell'olio : ....   ☐ Kit medico : ....

☐ Fari : ....   ☐ .... : ....

☐ Freni : ....   ☐ .... : ....

Note

Altro

Viaggio n°......

Data di partenza : / /	Data di arrivo : / /
Ore : O	Ore : O

Percorso | Tipo di Strada

Numero di CM : ....
Numero di Ore : ....

☐ Bitume   ☐ Tutti i terreni
☐ Altro : ....

Meteo

☀ ⛅ ☁ 🌧 ⛈ ❄   💨 ☐1 ☐2 ☐3 ☐4 ☐5   🌡 _____ C°/F

Itinerari | Mappa

Partenza
Luogo : ....
Luogo latitudine : ....
Luogo longitudine : ....

Arrivo
Luogo : ....
Luogo latitudine : ....
Luogo longitudine : ....

Verifiche tecniche pre-partenza

☐ Pneumatici : ....   ☐ Strumenti : ....
☐ Catena : ....   ☐ Vestiti : ....
☐ Livello dell'olio : ....   ☐ Kit medico : ....
☐ Fari : ....   ☐ .... : ....
☐ Freni : ....   ☐ .... : ....

Note | Altro

Viaggio n°......

Data di partenza : / /	Data di arrivo : / /
Ore : O	Ore : O

Percorso / Tipo di Strada

Numero di CM : ....

Numero di Ore : ....

☐ Bitume   ☐ Tutti i terreni

☐ Altro : ....

Meteo

☐ 1   ☐ 2   ☐ 3   ☐ 4   ☐ 5   .... C°/F

Itinerari

Partenza

Luogo : ....

Luogo latitudine : ....

Luogo longitudine : ....

Arrivo

Luogo : ....

Luogo latitudine : ....

Luogo longitudine : ....

Mappa

Verifiche tecniche pre-partenza

☐ Pneumatici : ....

☐ Catena : ....

☐ Livello dell'olio : ....

☐ Fari : ....

☐ Freni : ....

☐ Strumenti : ....

☐ Vestiti : ....

☐ Kit medico : ....

☐ .... : ....

☐ .... : ....

Note

Altro

Viaggio n°......

Data di partenza : / /	Data di arrivo : / /
Ore : O	Ore : O

Percorso | Tipo di Strada

Numero di CM : ....
Numero di Ore : ....

☐ Bitume ☐ Tutti i terreni
☐ Altro : ....

Meteo

☀ ⛅ ☁ 🌧 ⛈ ❄* 🌬 ☐1 ☐2 ☐3 ☐4 ☐5 🌡........C°/F

Itinerari | Mappa

Partenza
Luogo : ....
Luogo latitudine : ....
Luogo longitudine : ....

Arrivo
Luogo : ....
Luogo latitudine : ....
Luogo longitudine : ....

Verifiche tecniche pre-partenza

☐ Pneumatici : .... ☐ Strumenti : ....
☐ Catena : .... ☐ Vestiti : ....
☐ Livello dell'olio : .... ☐ Kit medico : ....
☐ Fari : .... ☐ .... : ....
☐ Freni : .... ☐ .... : ....

Note | Altro

Viaggio n°......

Data di partenza : / /	Data di arrivo : / /
Ore : O	Ore : O

Percorso

Numero di CM : ....

Numero di Ore : ....

Tipo di Strada

☐ Bitume   ☐ Tutti i terreni

☐ Altro : ....

Meteo

☐ 1 ☐ 2 ☐ 3 ☐ 4 ☐ 5   ....C°/F

Itinerari

Partenza
Luogo : ....
Luogo latitudine : ....
Luogo longitudine : ....

Arrivo
Luogo : ....
Luogo latitudine : ....
Luogo longitudine : ....

Mappa

Verifiche tecniche pre-partenza

☐ Pneumatici : ....
☐ Catena : ....
☐ Livello dell'olio : ....
☐ Fari : ....
☐ Freni : ....

☐ Strumenti : ....
☐ Vestiti : ....
☐ Kit medico : ....
☐ .... : ....
☐ .... : ....

Note

Altro

Viaggio n°......

Data di partenza : / /	Data di arrivo : / /
Ore : O	Ore : O

Percorso | Tipo di Strada

Numero di CM : ....

Numero di Ore : ....

☐ Bitume   ☐ Tutti i terreni

☐ Altro : ....

Meteo

☐ 1 ☐ 2 ☐ 3 ☐ 4 ☐ 5   .... C°/F

Itinerari | Mappa

Partenza

Luogo : ....

Luogo latitudine : ....

Luogo longitudine : ....

Arrivo

Luogo : ....

Luogo latitudine : ....

Luogo longitudine : ....

Verifiche tecniche pre-partenza

☐ Pneumatici : ....

☐ Catena : ....

☐ Livello dell'olio : ....

☐ Fari : ....

☐ Freni : ....

☐ Strumenti : ....

☐ Vestiti : ....

☐ Kit medico : ....

☐ .... : ....

☐ .... : ....

Note | Altro

Viaggio n°......

Data di partenza : / /	Data di arrivo : / /
Ore : O	Ore : O

Percorso | Tipo di Strada

Numero di CM : ....

Numero di Ore : ....

☐ Bitume   ☐ Tutti i terreni

☐ Altro : ....

Meteo

☐ 1 ☐ 2 ☐ 3 ☐ 4 ☐ 5   .... C°/F

Itinerari | Mappa

Partenza
Luogo : ....
Luogo latitudine : ....
Luogo longitudine : ....

Arrivo
Luogo : ....
Luogo latitudine : ....
Luogo longitudine : ....

Verifiche tecniche pre-partenza

☐ Pneumatici : ....   ☐ Strumenti : ....

☐ Catena : ....   ☐ Vestiti : ....

☐ Livello dell'olio : ....   ☐ Kit medico : ....

☐ Fari : ....   ☐ .... : ....

☐ Freni : ....   ☐ .... : ....

Note | Altro

Viaggio n°......

Data di partenza : / /	Data di arrivo : / /
Ore : O	Ore : O

Percorso | Tipo di Strada

Numero di CM : ....
Numero di Ore : ....

☐ Bitume   ☐ Tutti i terreni
☐ Altro : ....

Meteo

☐ 1 ☐ 2 ☐ 3 ☐ 4 ☐ 5   .... C°/F

Itinerari | Mappa

Partenza
Luogo : ....
Luogo latitudine : ....
Luogo longitudine : ....

Arrivo
Luogo : ....
Luogo latitudine : ....
Luogo longitudine : ....

Verifiche tecniche pre-partenza

☐ Pneumatici : ....
☐ Catena : ....
☐ Livello dell'olio : ....
☐ Fari : ....
☐ Freni : ....

☐ Strumenti : ....
☐ Vestiti : ....
☐ Kit medico : ....
☐ .... : ....
☐ .... : ....

Note | Altro

Viaggio n°......

Data di partenza : / /	Data di arrivo : / /
Ore : O	Ore : O

Percorso

Numero di CM : ....

Numero di Ore : ....

Tipo di Strada

☐ Bitume   ☐ Tutti i terreni

☐ Altro : ....

Meteo

☐ 1 ☐ 2 ☐ 3 ☐ 4 ☐ 5   ....C°/F

Itinerari

Partenza

Luogo : ....

Luogo latitudine : ....

Luogo longitudine : ....

Arrivo

Luogo : ....

Luogo latitudine : ....

Luogo longitudine : ....

Mappa

Verifiche tecniche pre-partenza

☐ Pneumatici : ....

☐ Catena : ....

☐ Livello dell'olio : ....

☐ Fari : ....

☐ Freni : ....

☐ Strumenti : ....

☐ Vestiti : ....

☐ Kit medico : ....

☐ .... : ....

☐ .... : ....

Note

....
....
....
....
....
....
....
....

Altro

Viaggio n°......

Data di partenza : / /	Data di arrivo : / /
Ore : O	Ore : O

Percorso / Tipo di Strada

Numero di CM : ....

Numero di Ore : ....

☐ Bitume ☐ Tutti i terreni

☐ Altro : ....

Meteo

☐ 1 ☐ 2 ☐ 3 ☐ 4 ☐ 5   .... C°/F

Itinerari / Mappa

Partenza

Luogo : ....

Luogo latitudine : ....

Luogo longitudine : ....

Arrivo

Luogo : ....

Luogo latitudine : ....

Luogo longitudine : ....

Verifiche tecniche pre-partenza

☐ Pneumatici : ....

☐ Catena : ....

☐ Livello dell'olio : ....

☐ Fari : ....

☐ Freni : ....

☐ Strumenti : ....

☐ Vestiti : ....

☐ Kit medico : ....

☐ .... : ....

☐ .... : ....

Note / Altro

Viaggio n°......

Data di partenza : / /	Data di arrivo : / /
Ore : O	Ore : O

Percorso | Tipo di Strada

Numero di CM : ....
Numero di Ore : ....

☐ Bitume ☐ Tutti i terreni
☐ Altro : ....

Meteo

☐ 1 ☐ 2 ☐ 3 ☐ 4 ☐ 5   _____ C°/F

Itinerari | Mappa

Partenza
Luogo : ....
Luogo latitudine : ....
Luogo longitudine : ....

Arrivo
Luogo : ....
Luogo latitudine : ....
Luogo longitudine : ....

Verifiche tecniche pre-partenza

☐ Pneumatici : ....
☐ Catena : ....
☐ Livello dell'olio : ....
☐ Fari : ....
☐ Freni : ....

☐ Strumenti : ....
☐ Vestiti : ....
☐ Kit medico : ....
☐ .... : ....
☐ .... : ....

Note | Altro

Viaggio n°......

Data di partenza : / /	Data di arrivo : / /
Ore : O	Ore : O

Percorso

Numero di CM : ....
Numero di Ore : ....

Tipo di Strada

☐ Bitume   ☐ Tutti i terreni
☐ Altro : ....

Meteo

☐ 1 ☐ 2 ☐ 3 ☐ 4 ☐ 5   _____ C°/F

Itinerari

Partenza
Luogo : ....
Luogo latitudine : ....
Luogo longitudine : ....

Arrivo
Luogo : ....
Luogo latitudine : ....
Luogo longitudine : ....

Mappa

Verifiche tecniche pre-partenza

☐ Pneumatici : ....
☐ Catena : ....
☐ Livello dell'olio : ....
☐ Fari : ....
☐ Freni : ....

☐ Strumenti : ....
☐ Vestiti : ....
☐ Kit medico : ....
☐ .... : ....
☐ .... : ....

Note

Altro

Viaggio n°......

Data di partenza : / /	Data di arrivo : / /
Ore : O	Ore : O

Percorso

Numero di CM : ....

Numero di Ore : ....

Tipo di Strada

☐ Bitume   ☐ Tutti i terreni

☐ Altro : ....

Meteo

☐ 1 ☐ 2 ☐ 3 ☐ 4 ☐ 5   ....C°/F

Itinerari

Partenza
Luogo : ....
Luogo latitudine : ....
Luogo longitudine : ....

Arrivo
Luogo : ....
Luogo latitudine : ....
Luogo longitudine : ....

Mappa

Verifiche tecniche pre-partenza

☐ Pneumatici : ....
☐ Catena : ....
☐ Livello dell'olio : ....
☐ Fari : ....
☐ Freni : ....

☐ Strumenti : ....
☐ Vestiti : ....
☐ Kit medico : ....
☐ .... : ....
☐ .... : ....

Note

....
....
....
....
....
....
....

Altro

Viaggio n°......

Data di partenza : / /	Data di arrivo : / /
Ore : O	Ore : O

Percorso / Tipo di Strada

Numero di CM : ....

Numero di Ore : ....

☐ Bitume   ☐ Tutti i terreni

☐ Altro : ....

Meteo

☐ 1 ☐ 2 ☐ 3 ☐ 4 ☐ 5   .... C°/F

Itinerari

Partenza

Luogo : ....

Luogo latitudine : ....

Luogo longitudine : ....

Arrivo

Luogo : ....

Luogo latitudine : ....

Luogo longitudine : ....

Mappa

Verifiche tecniche pre-partenza

☐ Pneumatici : ....

☐ Catena : ....

☐ Livello dell'olio : ....

☐ Fari : ....

☐ Freni : ....

☐ Strumenti : ....

☐ Vestiti : ....

☐ Kit medico : ....

☐ .... : ....

☐ .... : ....

Note

Altro

Viaggio n°......

Data di partenza : / /	Data di arrivo : / /
Ore : O	Ore : O

Percorso

Numero di CM : ....
Numero di Ore : ....

Tipo di Strada

☐ Bitume ☐ Tutti i terreni
☐ Altro : ....

Meteo

☐ 1 ☐ 2 ☐ 3 ☐ 4 ☐ 5   .... C°/F

Itinerari

Partenza
Luogo : ....
Luogo latitudine : ....
Luogo longitudine : ....

Arrivo
Luogo : ....
Luogo latitudine : ....
Luogo longitudine : ....

Mappa

Verifiche tecniche pre-partenza

☐ Pneumatici : .... ☐ Strumenti : ....
☐ Catena : .... ☐ Vestiti : ....
☐ Livello dell'olio : .... ☐ Kit medico : ....
☐ Fari : .... ☐ .... : ....
☐ Freni : .... ☐ .... : ....

Note

Altro

Viaggio n°......

Data di partenza : / /	Data di arrivo : / /
Ore : O	Ore : O

Percorso | Tipo di Strada

Numero di CM : ....
Numero di Ore : ....

☐ Bitume   ☐ Tutti i terreni
☐ Altro : ....

Meteo

☀ ⛅ ☁ 🌧 ⛈ ❄   💨 ☐1 ☐2 ☐3 ☐4 ☐5   🌡 .... C°/F

Itinerari | Mappa

Partenza
Luogo : ....
Luogo latitudine : ....
Luogo longitudine : ....

Arrivo
Luogo : ....
Luogo latitudine : ....
Luogo longitudine : ....

Verifiche tecniche pre-partenza

☐ Pneumatici : ....
☐ Catena : ....
☐ Livello dell'olio : ....
☐ Fari : ....
☐ Freni : ....

☐ Strumenti : ....
☐ Vestiti : ....
☐ Kit medico : ....
☐ .... : ....
☐ .... : ....

Note | Altro

Viaggio n°......

Data di partenza : / /	Data di arrivo : / /
Ore : O	Ore : O

Percorso

Numero di CM : ....

Numero di Ore : ....

Tipo di Strada

☐ Bitume ☐ Tutti i terreni

☐ Altro : ....

Meteo

☐ 1 ☐ 2 ☐ 3 ☐ 4 ☐ 5   .... C°/F

Itinerari

Partenza
Luogo : ....
Luogo latitudine : ....
Luogo longitudine : ....

Arrivo
Luogo : ....
Luogo latitudine : ....
Luogo longitudine : ....

Mappa

Verifiche tecniche pre-partenza

☐ Pneumatici : ....
☐ Catena : ....
☐ Livello dell'olio : ....
☐ Fari : ....
☐ Freni : ....

☐ Strumenti : ....
☐ Vestiti : ....
☐ Kit medico : ....
☐ .... : ....
☐ .... : ....

Note

Altro

Viaggio n°......

Data di partenza : / /	Data di arrivo : / /
Ore : O	Ore : O

Percorso | Tipo di Strada

Numero di CM : ....

Numero di Ore : ....

☐ Bitume ☐ Tutti i terreni

☐ Altro : ....

Meteo

☐ 1 ☐ 2 ☐ 3 ☐ 4 ☐ 5 .... C°/F

Itinerari | Mappa

Partenza
Luogo : ....
Luogo latitudine : ....
Luogo longitudine : ....

Arrivo
Luogo : ....
Luogo latitudine : ....
Luogo longitudine : ....

Verifiche tecniche pre-partenza

☐ Pneumatici : .... ☐ Strumenti : ....
☐ Catena : .... ☐ Vestiti : ....
☐ Livello dell'olio : .... ☐ Kit medico : ....
☐ Fari : .... ☐ .... : ....
☐ Freni : .... ☐ .... : ....

Note | Altro

Viaggio n°......

Data di partenza : / /	Data di arrivo : / /
Ore : O	Ore : O

Percorso
Numero di CM : ....
Numero di Ore : ....

Tipo di Strada
☐ Bitume ☐ Tutti i terreni
☐ Altro : ....

Meteo
☐ 1 ☐ 2 ☐ 3 ☐ 4 ☐ 5   .... C°/F

Itinerari

Partenza
Luogo : ....
Luogo latitudine : ....
Luogo longitudine : ....

Arrivo
Luogo : ....
Luogo latitudine : ....
Luogo longitudine : ....

Mappa

Verifiche tecniche pre-partenza

☐ Pneumatici : ....
☐ Catena : ....
☐ Livello dell'olio : ....
☐ Fari : ....
☐ Freni : ....

☐ Strumenti : ....
☐ Vestiti : ....
☐ Kit medico : ....
☐ .... : ....
☐ .... : ....

Note

Altro

Viaggio n°......

Data di partenza : / /	Data di arrivo : / /
Ore : O	Ore : O

Percorso | ## Tipo di Strada

Numero di CM : ....
Numero di Ore : ....

☐ Bitume   ☐ Tutti i terreni
☐ Altro : ....

Meteo

☀ ⛅ ☁ 🌧 ⛈ ❄*   💨 ☐1 ☐2 ☐3 ☐4 ☐5   🌡........ C°/F

Itinerari | ## Mappa

Partenza
Luogo : ....
Luogo latitudine : ....
Luogo longitudine : ....

Arrivo
Luogo : ....
Luogo latitudine : ....
Luogo longitudine : ....

Verifiche tecniche pre-partenza

☐ Pneumatici : ....
☐ Catena : ....
☐ Livello dell'olio : ....
☐ Fari : ....
☐ Freni : ....

☐ Strumenti : ....
☐ Vestiti : ....
☐ Kit medico : ....
☐ .... : ....
☐ .... : ....

Note | ## *Altro*

Viaggio n°......

Data di partenza : / /	Data di arrivo : / /
Ore : O	Ore : O

Percorso

Numero di CM : ....

Numero di Ore : ....

Tipo di Strada

☐ Bitume ☐ Tutti i terreni

☐ Altro : ....

Meteo

☀ ⛅ ☁ 🌧 ⛈ ❄ 💨 ☐1 ☐2 ☐3 ☐4 ☐5 🌡 .... C°/F

Itinerari

Partenza
Luogo : ....
Luogo latitudine : ....
Luogo longitudine : ....

Arrivo
Luogo : ....
Luogo latitudine : ....
Luogo longitudine : ....

Mappa

Verifiche tecniche pre-partenza

☐ Pneumatici : ....   ☐ Strumenti : ....
☐ Catena : ....   ☐ Vestiti : ....
☐ Livello dell'olio : .... ☐ Kit medico : ....
☐ Fari : ....   ☐ .... : ....
☐ Freni : ....   ☐ .... : ....

Note

....
....
....
....
....
....
....

Altro

Viaggio n°......

Data di partenza : / /	Data di arrivo : / /
Ore : O	Ore : O

Percorso | Tipo di Strada

Numero di CM : ....

Numero di Ore : ....

☐ Bitume ☐ Tutti i terreni

☐ Altro : ....

Meteo

☐ 1 ☐ 2 ☐ 3 ☐ 4 ☐ 5 .... C°/F

Itinerari | Mappa

Partenza

Luogo : ....

Luogo latitudine : ....

Luogo longitudine : ....

Arrivo

Luogo : ....

Luogo latitudine : ....

Luogo longitudine : ....

Verifiche tecniche pre-partenza

☐ Pneumatici : ....

☐ Catena : ....

☐ Livello dell'olio : ....

☐ Fari : ....

☐ Freni : ....

☐ Strumenti : ....

☐ Vestiti : ....

☐ Kit medico : ....

☐ .... : ....

☐ .... : ....

Note | Altro

Viaggio n°......

Data di partenza : / /	Data di arrivo : / /
Ore : O	Ore : O

Percorso / Tipo di Strada

Numero di CM : ....

Numero di Ore : ....

☐ Bitume   ☐ Tutti i terreni

☐ Altro : ....

Meteo

☐ 1 ☐ 2 ☐ 3 ☐ 4 ☐ 5   .... C°/F

Itinerari

Partenza
Luogo : ....
Luogo latitudine : ....
Luogo longitudine : ....

Arrivo
Luogo : ....
Luogo latitudine : ....
Luogo longitudine : ....

Mappa

Verifiche tecniche pre-partenza

☐ Pneumatici : ....

☐ Catena : ....

☐ Livello dell'olio : ....

☐ Fari : ....

☐ Freni : ....

☐ Strumenti : ....

☐ Vestiti : ....

☐ Kit medico : ....

☐ .... : ....

☐ .... : ....

Note

....
....
....
....
....
....
....

Altro

Viaggio n°......

Data di partenza : / /	Data di arrivo : / /
Ore : O	Ore : O

Percorso

Numero di CM : ....

Numero di Ore : ....

Tipo di Strada

☐ Bitume   ☐ Tutti i terreni

☐ Altro : ....

Meteo

☀ ⛅ ☁ 🌧 ⛈ ❄ | 💨 ☐ 1 ☐ 2 ☐ 3 ☐ 4 ☐ 5   🌡 .... C°/F

Itinerari

Partenza

Luogo : ....

Luogo latitudine : ....

Luogo longitudine : ....

Arrivo

Luogo : ....

Luogo latitudine : ....

Luogo longitudine : ....

Mappa

Verifiche tecniche pre-partenza

☐ Pneumatici : ....

☐ Catena : ....

☐ Livello dell'olio : ....

☐ Fari : ....

☐ Freni : ....

☐ Strumenti : ....

☐ Vestiti : ....

☐ Kit medico : ....

☐ .... : ....

☐ .... : ....

Note

Altro

Viaggio n°......

Data di partenza : / /	Data di arrivo : / /
Ore : O	Ore : O

Percorso
Numero di CM : ....
Numero di Ore : ....

Tipo di Strada
☐ Bitume ☐ Tutti i terreni
☐ Altro : ....

Meteo
☐ 1 ☐ 2 ☐ 3 ☐ 4 ☐ 5   .... C°/F

Itinerari

Partenza
Luogo : ....
Luogo latitudine : ....
Luogo longitudine : ....

Arrivo
Luogo : ....
Luogo latitudine : ....
Luogo longitudine : ....

Mappa

Verifiche tecniche pre-partenza

☐ Pneumatici : ....
☐ Catena : ....
☐ Livello dell'olio : ....
☐ Fari : ....
☐ Freni : ....

☐ Strumenti : ....
☐ Vestiti : ....
☐ Kit medico : ....
☐ .... : ....
☐ .... : ....

Note

Altro

Viaggio n°......

Data di partenza : / /	Data di arrivo : / /
Ore : O	Ore : O

Percorso | Tipo di Strada

Numero di CM : ....

Numero di Ore : ....

☐ Bitume ☐ Tutti i terreni

☐ Altro : ....

Meteo

☐ 1 ☐ 2 ☐ 3 ☐ 4 ☐ 5

.... C°/F

Itinerari | Mappa

Partenza
Luogo : ....
Luogo latitudine : ....
Luogo longitudine : ....

Arrivo
Luogo : ....
Luogo latitudine : ....
Luogo longitudine : ....

Verifiche tecniche pre-partenza

☐ Pneumatici : ....　　☐ Strumenti : ....

☐ Catena : ....　　☐ Vestiti : ....

☐ Livello dell'olio : ....　　☐ Kit medico : ....

☐ Fari : ....　　☐ .... : ....

☐ Freni : ....　　☐ .... : ....

Note | Altro

Viaggio n°......

Data di partenza : / /	Data di arrivo : / /
Ore : O	Ore : O

Percorso | Tipo di Strada

Numero di CM : ....

Numero di Ore : ....

☐ Bitume ☐ Tutti i terreni

☐ Altro : ....

Meteo

☐ 1 ☐ 2 ☐ 3 ☐ 4 ☐ 5   .... C°/F

Itinerari | Mappa

Partenza

Luogo : ....

Luogo latitudine : ....

Luogo longitudine : ....

Arrivo

Luogo : ....

Luogo latitudine : ....

Luogo longitudine : ....

Verifiche tecniche pre-partenza

☐ Pneumatici : ....   ☐ Strumenti : ....

☐ Catena : ....   ☐ Vestiti : ....

☐ Livello dell'olio : ....   ☐ Kit medico : ....

☐ Fari : ....   ☐ .... : ....

☐ Freni : ....   ☐ .... : ....

Note | Altro

Viaggio n°......

Data di partenza : / /	Data di arrivo : / /
Ore : O	Ore : O

Percorso

Numero di CM : ....

Numero di Ore : ....

Tipo di Strada

☐ Bitume   ☐ Tutti i terreni

☐ Altro : ....

Meteo

☐ 1   ☐ 2   ☐ 3   ☐ 4   ☐ 5   .... C°/F

Itinerari

Partenza
Luogo : ....
Luogo latitudine : ....
Luogo longitudine : ....

Arrivo
Luogo : ....
Luogo latitudine : ....
Luogo longitudine : ....

Mappa

Verifiche tecniche pre-partenza

☐ Pneumatici : ....   ☐ Strumenti : ....

☐ Catena : ....   ☐ Vestiti : ....

☐ Livello dell'olio : ....   ☐ Kit medico : ....

☐ Fari : ....   ☐ .... : ....

☐ Freni : ....   ☐ .... : ....

Note

Altro

Viaggio n°......

Data di partenza : / /	Data di arrivo : / /
Ore : O	Ore : O

Percorso

Numero di CM : ....

Numero di Ore : ....

Tipo di Strada

☐ Bitume ☐ Tutti i terreni

☐ Altro : ....

Meteo

☐ 1 ☐ 2 ☐ 3 ☐ 4 ☐ 5 .... C°/F

Itinerari

Partenza
Luogo : ....
Luogo latitudine : ....
Luogo longitudine : ....

Arrivo
Luogo : ....
Luogo latitudine : ....
Luogo longitudine : ....

Mappa

Verifiche tecniche pre-partenza

☐ Pneumatici : ....
☐ Catena : ....
☐ Livello dell'olio : ....
☐ Fari : ....
☐ Freni : ....

☐ Strumenti : ....
☐ Vestiti : ....
☐ Kit medico : ....
☐ .... : ....
☐ .... : ....

Note

Altro

Viaggio n°......

Data di partenza : / /	Data di arrivo : / /
Ore : O	Ore : O

Percorso
Numero di CM : ....
Numero di Ore : ....

Tipo di Strada
☐ Bitume   ☐ Tutti i terreni
☐ Altro : ....

Meteo
☀ ⛅ ☁ 🌧 ⛈ ❄   💨 ☐1 ☐2 ☐3 ☐4 ☐5   🌡 ____ C°/F

Itinerari

Partenza
Luogo : ....
Luogo latitudine : ....
Luogo longitudine : ....

Arrivo
Luogo : ....
Luogo latitudine : ....
Luogo longitudine : ....

Mappa

Verifiche tecniche pre-partenza

☐ Pneumatici : ....
☐ Catena : ....
☐ Livello dell'olio : ....
☐ Fari : ....
☐ Freni : ....

☐ Strumenti : ....
☐ Vestiti : ....
☐ Kit medico : ....
☐ .... : ....
☐ .... : ....

Note

Altro

Viaggio n°......

Data di partenza : / /	Data di arrivo : / /
Ore : O	Ore : O

Percorso

Numero di CM : ....

Numero di Ore : ....

Tipo di Strada

☐ Bitume   ☐ Tutti i terreni

☐ Altro : ....

Meteo

☐ 1 ☐ 2 ☐ 3 ☐ 4 ☐ 5   ....C°/F

Itinerari

Partenza

Luogo : ....

Luogo latitudine : ....

Luogo longitudine : ....

Arrivo

Luogo : ....

Luogo latitudine : ....

Luogo longitudine : ....

Mappa

Verifiche tecniche pre-partenza

☐ Pneumatici : ....

☐ Catena : ....

☐ Livello dell'olio : ....

☐ Fari : ....

☐ Freni : ....

☐ Strumenti : ....

☐ Vestiti : ....

☐ Kit medico : ....

☐ .... : ....

☐ .... : ....

Note

Altro

Viaggio n°......

Data di partenza : / /	Data di arrivo : / /
Ore : O	Ore : O

Percorso | ## Tipo di Strada

Numero di CM : ....
Numero di Ore : ....

☐ Bitume   ☐ Tutti i terreni
☐ Altro : ....

Meteo

☐ 1 ☐ 2 ☐ 3 ☐ 4 ☐ 5   .... C°/F

Itinerari | ## Mappa

Partenza
Luogo : ....
Luogo latitudine : ....
Luogo longitudine : ....

Arrivo
Luogo : ....
Luogo latitudine : ....
Luogo longitudine : ....

Verifiche tecniche pre-partenza

☐ Pneumatici : ....
☐ Catena : ....
☐ Livello dell'olio : ....
☐ Fari : ....
☐ Freni : ....

☐ Strumenti : ....
☐ Vestiti : ....
☐ Kit medico : ....
☐ .... : ....
☐ .... : ....

Note | ## Altro

Viaggio n°......

Data di partenza : / /	Data di arrivo : / /
Ore : O	Ore : O

Percorso | Tipo di Strada

Numero di CM : ....
Numero di Ore : ....

☐ Bitume   ☐ Tutti i terreni
☐ Altro : ....

Meteo

☐ 1 ☐ 2 ☐ 3 ☐ 4 ☐ 5   .... C°/F

Itinerari | Mappa

Partenza
Luogo : ....
Luogo latitudine : ....
Luogo longitudine : ....

Arrivo
Luogo : ....
Luogo latitudine : ....
Luogo longitudine : ....

Verifiche tecniche pre-partenza

☐ Pneumatici : ....
☐ Catena : ....
☐ Livello dell'olio : ....
☐ Fari : ....
☐ Freni : ....

☐ Strumenti : ....
☐ Vestiti : ....
☐ Kit medico : ....
☐ .... : ....
☐ .... : ....

Note | Altro

Viaggio n°......

Data di partenza : / /	Data di arrivo : / /
Ore : O	Ore : O

Percorso | Tipo di Strada

Numero di CM : ....

Numero di Ore : ....

☐ Bitume ☐ Tutti i terreni

☐ Altro : ....

Meteo

☐1 ☐2 ☐3 ☐4 ☐5   .... C°/F

Itinerari | Mappa

Partenza

Luogo : ....

Luogo latitudine : ....

Luogo longitudine : ....

Arrivo

Luogo : ....

Luogo latitudine : ....

Luogo longitudine : ....

Verifiche tecniche pre-partenza

☐ Pneumatici : ....

☐ Catena : ....

☐ Livello dell'olio : ....

☐ Fari : ....

☐ Freni : ....

☐ Strumenti : ....

☐ Vestiti : ....

☐ Kit medico : ....

☐ .... : ....

☐ .... : ....

Note | Altro

Viaggio n°......

Data di partenza : / /	Data di arrivo : / /
Ore : O	Ore : O

Percorso / Tipo di Strada

Numero di CM : ....
Numero di Ore : ....

☐ Bitume ☐ Tutti i terreni
☐ Altro : ....

Meteo

☐ 1 ☐ 2 ☐ 3 ☐ 4 ☐ 5   .... C°/F

Itinerari / Mappa

Partenza
Luogo : ....
Luogo latitudine : ....
Luogo longitudine : ....

Arrivo
Luogo : ....
Luogo latitudine : ....
Luogo longitudine : ....

Verifiche tecniche pre-partenza

☐ Pneumatici : ....   ☐ Strumenti : ....
☐ Catena : ....   ☐ Vestiti : ....
☐ Livello dell'olio : .... ☐ Kit medico : ....
☐ Fari : ....   ☐ .... : ....
☐ Freni : ....   ☐ .... : ....

Note / Altro

Viaggio n°......

Data di partenza : / /	Data di arrivo : / /
Ore : O	Ore : O

Percorso

Numero di CM : ....

Numero di Ore : ....

Tipo di Strada

☐ Bitume ☐ Tutti i terreni

☐ Altro : ....

Meteo

☐ 1 ☐ 2 ☐ 3 ☐ 4 ☐ 5   .... C°/F

Itinerari

Partenza
Luogo : ....
Luogo latitudine : ....
Luogo longitudine : ....

Arrivo
Luogo : ....
Luogo latitudine : ....
Luogo longitudine : ....

Mappa

Verifiche tecniche pre-partenza

☐ Pneumatici : ....

☐ Catena : ....

☐ Livello dell'olio : ....

☐ Fari : ....

☐ Freni : ....

☐ Strumenti : ....

☐ Vestiti : ....

☐ Kit medico : ....

☐ .... : ....

☐ .... : ....

Note

Altro

Viaggio n°......

Data di partenza : / /	Data di arrivo : / /
Ore : O	Ore : O

Percorso
Numero di CM : ....
Numero di Ore : ....

Tipo di Strada
☐ Bitume ☐ Tutti i terreni
☐ Altro : ....

Meteo
☐ 1 ☐ 2 ☐ 3 ☐ 4 ☐ 5   .... C°/F

Itinerari

Partenza
Luogo : ....
Luogo latitudine : ....
Luogo longitudine : ....

Arrivo
Luogo : ....
Luogo latitudine : ....
Luogo longitudine : ....

Mappa

Verifiche tecniche pre-partenza

☐ Pneumatici : ....
☐ Catena : ....
☐ Livello dell'olio : ....
☐ Fari : ....
☐ Freni : ....

☐ Strumenti : ....
☐ Vestiti : ....
☐ Kit medico : ....
☐ .... : ....
☐ .... : ....

Note

Altro

Viaggio n°......

Data di partenza : / /	Data di arrivo : / /
Ore : O	Ore : O

Percorso | Tipo di Strada

Numero di CM : ....

Numero di Ore : ....

☐ Bitume ☐ Tutti i terreni

☐ Altro : ....

Meteo

☐ 1 ☐ 2 ☐ 3 ☐ 4 ☐ 5   .... C°/F

Itinerari | Mappa

Partenza

Luogo : ....

Luogo latitudine : ....

Luogo longitudine : ....

Arrivo

Luogo : ....

Luogo latitudine : ....

Luogo longitudine : ....

Verifiche tecniche pre-partenza

☐ Pneumatici : ....

☐ Catena : ....

☐ Livello dell'olio : ....

☐ Fari : ....

☐ Freni : ....

☐ Strumenti : ....

☐ Vestiti : ....

☐ Kit medico : ....

☐ .... : ....

☐ .... : ....

Note | Altro

Viaggio n°......

Data di partenza : / /	Data di arrivo : / /
Ore : O	Ore : O

Percorso / Tipo di Strada

Numero di CM : ....

Numero di Ore : ....

☐ Bitume ☐ Tutti i terreni

☐ Altro : ....

Meteo

☐ 1 ☐ 2 ☐ 3 ☐ 4 ☐ 5   .... C°/F

Itinerari

Partenza

Luogo : ....

Luogo latitudine : ....

Luogo longitudine : ....

Arrivo

Luogo : ....

Luogo latitudine : ....

Luogo longitudine : ....

Mappa

Verifiche tecniche pre-partenza

☐ Pneumatici : ....

☐ Catena : ....

☐ Livello dell'olio : ....

☐ Fari : ....

☐ Freni : ....

☐ Strumenti : ....

☐ Vestiti : ....

☐ Kit medico : ....

☐ .... : ....

☐ .... : ....

Note

Altro

Viaggio n°......

Data di partenza : / /	Data di arrivo : / /
Ore : O	Ore : O

Percorso | Tipo di Strada

Numero di CM : ....
Numero di Ore : ....

☐ Bitume   ☐ Tutti i terreni
☐ Altro : ....

Meteo

☐ 1   ☐ 2   ☐ 3   ☐ 4   ☐ 5   .... C°/F

Itinerari

Partenza
Luogo : ....
Luogo latitudine : ....
Luogo longitudine : ....

Arrivo
Luogo : ....
Luogo latitudine : ....
Luogo longitudine : ....

Mappa

Verifiche tecniche pre-partenza

☐ Pneumatici : ....
☐ Catena : ....
☐ Livello dell'olio : ....
☐ Fari : ....
☐ Freni : ....

☐ Strumenti : ....
☐ Vestiti : ....
☐ Kit medico : ....
☐ .... : ....
☐ .... : ....

Note

Altro

Viaggio n°......

Data di partenza : / /	Data di arrivo : / /
Ore : O	Ore : O

Percorso

Numero di CM : ....

Numero di Ore : ....

Tipo di Strada

☐ Bitume   ☐ Tutti i terreni

☐ Altro : ....

Meteo

☐ 1 ☐ 2 ☐ 3 ☐ 4 ☐ 5   .... C°/F

Itinerari

Partenza
Luogo : ....
Luogo latitudine : ....
Luogo longitudine : ....

Arrivo
Luogo : ....
Luogo latitudine : ....
Luogo longitudine : ....

Mappa

Verifiche tecniche pre-partenza

☐ Pneumatici : ....   ☐ Strumenti : ....

☐ Catena : ....   ☐ Vestiti : ....

☐ Livello dell'olio : ....   ☐ Kit medico : ....

☐ Fari : ....   ☐ .... : ....

☐ Freni : ....   ☐ .... : ....

Note

Altro

Viaggio n°......

Data di partenza : / /	Data di arrivo : / /
Ore : O	Ore : O

Percorso
Numero di CM : ....
Numero di Ore : ....

Tipo di Strada
☐ Bitume   ☐ Tutti i terreni
☐ Altro : ....

Meteo
☐ 1 ☐ 2 ☐ 3 ☐ 4 ☐ 5   .... C°/F

Itinerari

Partenza
Luogo : ....
Luogo latitudine : ....
Luogo longitudine : ....

Arrivo
Luogo : ....
Luogo latitudine : ....
Luogo longitudine : ....

Mappa

Verifiche tecniche pre-partenza

☐ Pneumatici : ....
☐ Catena : ....
☐ Livello dell'olio : ....
☐ Fari : ....
☐ Freni : ....

☐ Strumenti : ....
☐ Vestiti : ....
☐ Kit medico : ....
☐ .... : ....
☐ .... : ....

Note

Altro

Viaggio n°......

Data di partenza : / /	Data di arrivo : / /
Ore : O	Ore : O

Percorso | Tipo di Strada

Numero di CM : ....

Numero di Ore : ....

☐ Bitume ☐ Tutti i terreni

☐ Altro : ....

Meteo

☐ 1 ☐ 2 ☐ 3 ☐ 4 ☐ 5 .... C°/F

Itinerari | Mappa

Partenza

Luogo : ....

Luogo latitudine : ....

Luogo longitudine : ....

Arrivo

Luogo : ....

Luogo latitudine : ....

Luogo longitudine : ....

Verifiche tecniche pre-partenza

☐ Pneumatici : .... ☐ Strumenti : ....

☐ Catena : .... ☐ Vestiti : ....

☐ Livello dell'olio : .... ☐ Kit medico : ....

☐ Fari : .... ☐ .... : ....

☐ Freni : .... ☐ .... : ....

Note | Altro

Viaggio n°......

Data di partenza : / /	Data di arrivo : / /
Ore : O	Ore : O

Percorso

Numero di CM : ....

Numero di Ore : ....

Tipo di Strada

☐ Bitume   ☐ Tutti i terreni

☐ Altro : ....

Meteo

☐ 1 ☐ 2 ☐ 3 ☐ 4 ☐ 5   .... C°/F

Itinerari

Partenza
Luogo : ....
Luogo latitudine : ....
Luogo longitudine : ....

Arrivo
Luogo : ....
Luogo latitudine : ....
Luogo longitudine : ....

Mappa

Verifiche tecniche pre-partenza

☐ Pneumatici : ....

☐ Catena : ....

☐ Livello dell'olio : ....

☐ Fari : ....

☐ Freni : ....

☐ Strumenti : ....

☐ Vestiti : ....

☐ Kit medico : ....

☐ .... : ....

☐ .... : ....

Note

Altro

Viaggio n°……

Data di partenza : / /

Ore :   O

Data di arrivo : / /

Ore :   O

Percorso

Numero di CM : ……………………………………

Numero di Ore : ……………………………………

Tipo di Strada

☐ Bitume   ☐ Tutti i terreni

☐ Altro : ……………………………………………

Meteo

☐ 1 ☐ 2 ☐ 3 ☐ 4 ☐ 5   …………… C°/F

Itinerari

Partenza

Luogo : ……………………………………

Luogo latitudine : ……………………………

Luogo longitudine : ……………………………

Arrivo

Luogo : ……………………………………

Luogo latitudine : ……………………………

Luogo longitudine : ……………………………

Mappa

Verifiche tecniche pre-partenza

☐ Pneumatici : ……………………………   ☐ Strumenti : ……………………………

☐ Catena : ……………………………………   ☐ Vestiti : ……………………………………

☐ Livello dell'olio : ………………………   ☐ Kit medico : ……………………………

☐ Fari : ……………………………………………   ☐ ………………… : ……………………………

☐ Freni : …………………………………………   ☐ ………………… : ……………………………

Note

………………………………………………………………
………………………………………………………………
………………………………………………………………
………………………………………………………………
………………………………………………………………
………………………………………………………………
………………………………………………………………
………………………………………………………………

Altro

Viaggio n°......

Data di partenza : / /	Data di arrivo : / /
Ore : O	Ore : O

Percorso | Tipo di Strada

- Numero di CM : ....
- Numero di Ore : ....

☐ Bitume   ☐ Tutti i terreni
☐ Altro : ....

Meteo

☐1 ☐2 ☐3 ☐4 ☐5   .... C°/F

Itinerari | Mappa

Partenza
- Luogo : ....
- Luogo latitudine : ....
- Luogo longitudine : ....

Arrivo
- Luogo : ....
- Luogo latitudine : ....
- Luogo longitudine : ....

Verifiche tecniche pre-partenza

- ☐ Pneumatici : ....
- ☐ Catena : ....
- ☐ Livello dell'olio : ....
- ☐ Fari : ....
- ☐ Freni : ....

- ☐ Strumenti : ....
- ☐ Vestiti : ....
- ☐ Kit medico : ....
- ☐ .... : ....
- ☐ .... : ....

Note | Altro

Viaggio n°......

Data di partenza : / /	Data di arrivo : / /
Ore : O	Ore : O

Percorso | Tipo di Strada

Numero di CM : ....
Numero di Ore : ....

☐ Bitume ☐ Tutti i terreni
☐ Altro : ....

Meteo

☐1 ☐2 ☐3 ☐4 ☐5 ....C°/F

Itinerari | Mappa

Partenza
Luogo : ....
Luogo latitudine : ....
Luogo longitudine : ....

Arrivo
Luogo : ....
Luogo latitudine : ....
Luogo longitudine : ....

Verifiche tecniche pre-partenza

☐ Pneumatici : .... ☐ Strumenti : ....
☐ Catena : .... ☐ Vestiti : ....
☐ Livello dell'olio : .... ☐ Kit medico : ....
☐ Fari : .... ☐ .... : ....
☐ Freni : .... ☐ .... : ....

Note | Altro

Viaggio n°......

Data di partenza : / /	Data di arrivo : / /
Ore : O	Ore : O

Percorso

Numero di CM : ....

Numero di Ore : ....

Tipo di Strada

☐ Bitume   ☐ Tutti i terreni

☐ Altro : ....

Meteo

☐ 1 ☐ 2 ☐ 3 ☐ 4 ☐ 5   .... C°/F

Itinerari

Partenza
Luogo : ....
Luogo latitudine : ....
Luogo longitudine : ....

Arrivo
Luogo : ....
Luogo latitudine : ....
Luogo longitudine : ....

Mappa

Verifiche tecniche pre-partenza

☐ Pneumatici : ....   ☐ Strumenti : ....

☐ Catena : ....   ☐ Vestiti : ....

☐ Livello dell'olio : ....   ☐ Kit medico : ....

☐ Fari : ....   ☐ .... : ....

☐ Freni : ....   ☐ .... : ....

Note

Altro

Viaggio n°......

Data di partenza : / /	Data di arrivo : / /
Ore : O	Ore : O

Percorso

Numero di CM : ....

Numero di Ore : ....

Tipo di Strada

☐ Bitume ☐ Tutti i terreni

☐ Altro : ....

Meteo

☐ 1 ☐ 2 ☐ 3 ☐ 4 ☐ 5   .... C°/F

Itinerari

Partenza
Luogo : ....
Luogo latitudine : ....
Luogo longitudine : ....

Arrivo
Luogo : ....
Luogo latitudine : ....
Luogo longitudine : ....

Mappa

Verifiche tecniche pre-partenza

☐ Pneumatici : ....
☐ Catena : ....
☐ Livello dell'olio : ....
☐ Fari : ....
☐ Freni : ....

☐ Strumenti : ....
☐ Vestiti : ....
☐ Kit medico : ....
☐ .... : ....
☐ .... : ....

Note

Altro

Viaggio n°......

Data di partenza : / /	Data di arrivo : / /
Ore : O	Ore : O

Percorso | Tipo di Strada

Numero di CM : ....

Numero di Ore : ....

☐ Bitume   ☐ Tutti i terreni

☐ Altro : ....

Meteo

☐ 1   ☐ 2   ☐ 3   ☐ 4   ☐ 5   .... C°/F

Itinerari | Mappa

Partenza
Luogo : ....
Luogo latitudine : ....
Luogo longitudine : ....

Arrivo
Luogo : ....
Luogo latitudine : ....
Luogo longitudine : ....

Verifiche tecniche pre-partenza

☐ Pneumatici : ....   ☐ Strumenti : ....

☐ Catena : ....   ☐ Vestiti : ....

☐ Livello dell'olio : ....   ☐ Kit medico : ....

☐ Fari : ....   ☐ .... : ....

☐ Freni : ....   ☐ .... : ....

Note | Altro

Viaggio n°......

Data di partenza : / /	Data di arrivo : / /
Ore : O	Ore : O

Percorso

Numero di CM : ....

Numero di Ore : ....

Tipo di Strada

☐ Bitume   ☐ Tutti i terreni

☐ Altro : ....

Meteo

☐ 1 ☐ 2 ☐ 3 ☐ 4 ☐ 5   .... C°/F

Itinerari

Partenza

Luogo : ....

Luogo latitudine : ....

Luogo longitudine : ....

Arrivo

Luogo : ....

Luogo latitudine : ....

Luogo longitudine : ....

Mappa

Verifiche tecniche pre-partenza

☐ Pneumatici : ....   ☐ Strumenti : ....

☐ Catena : ....   ☐ Vestiti : ....

☐ Livello dell'olio : ....   ☐ Kit medico : ....

☐ Fari : ....   ☐ .... : ....

☐ Freni : ....   ☐ .... : ....

Note

....
....
....
....
....
....

Altro

Viaggio n°......

Data di partenza : / /	Data di arrivo : / /
Ore : O	Ore : O

Percorso
Numero di CM : ....
Numero di Ore : ....

Tipo di Strada
☐ Bitume ☐ Tutti i terreni
☐ Altro : ....

Meteo
☐ 1 ☐ 2 ☐ 3 ☐ 4 ☐ 5 .... C°/F

Itinerari

Partenza
Luogo : ....
Luogo latitudine : ....
Luogo longitudine : ....

Arrivo
Luogo : ....
Luogo latitudine : ....
Luogo longitudine : ....

Mappa

Verifiche tecniche pre-partenza

☐ Pneumatici : ....
☐ Catena : ....
☐ Livello dell'olio : ....
☐ Fari : ....
☐ Freni : ....

☐ Strumenti : ....
☐ Vestiti : ....
☐ Kit medico : ....
☐ .... : ....
☐ .... : ....

Note

Altro

Viaggio n°......

Data di partenza : / /	Data di arrivo : / /
Ore : O	Ore : O

Percorso

Numero di CM : ....
Numero di Ore : ....

Tipo di Strada

☐ Bitume ☐ Tutti i terreni
☐ Altro : ....

Meteo

☐ 1 ☐ 2 ☐ 3 ☐ 4 ☐ 5   ....C°/F

Itinerari

Partenza
Luogo : ....
Luogo latitudine : ....
Luogo longitudine : ....

Arrivo
Luogo : ....
Luogo latitudine : ....
Luogo longitudine : ....

Mappa

Verifiche tecniche pre-partenza

☐ Pneumatici : ....
☐ Catena : ....
☐ Livello dell'olio : ....
☐ Fari : ....
☐ Freni : ....

☐ Strumenti : ....
☐ Vestiti : ....
☐ Kit medico : ....
☐ .... : ....
☐ .... : ....

Note

Altro

Viaggio n°......

Data di partenza : / /	Data di arrivo : / /
Ore : O	Ore : O

Percorso

Numero di CM : ....

Numero di Ore : ....

Tipo di Strada

☐ Bitume   ☐ Tutti i terreni

☐ Altro : ....

Meteo

☐ 1 ☐ 2 ☐ 3 ☐ 4 ☐ 5   .... C°/F

Itinerari

Partenza
Luogo : ....
Luogo latitudine : ....
Luogo longitudine : ....

Arrivo
Luogo : ....
Luogo latitudine : ....
Luogo longitudine : ....

Mappa

Verifiche tecniche pre-partenza

☐ Pneumatici : ....
☐ Catena : ....
☐ Livello dell'olio : ....
☐ Fari : ....
☐ Freni : ....

☐ Strumenti : ....
☐ Vestiti : ....
☐ Kit medico : ....
☐ .... : ....
☐ .... : ....

Note

Altro

Viaggio n°......

Data di partenza : / /	Data di arrivo : / /
Ore : O	Ore : O

Percorso | Tipo di Strada

Numero di CM : ....
Numero di Ore : ....

☐ Bitume   ☐ Tutti i terreni
☐ Altro : ....

Meteo

☐ 1 ☐ 2 ☐ 3 ☐ 4 ☐ 5   .... C°/F

Itinerari | Mappa

Partenza
Luogo : ....
Luogo latitudine : ....
Luogo longitudine : ....

Arrivo
Luogo : ....
Luogo latitudine : ....
Luogo longitudine : ....

Verifiche tecniche pre-partenza

☐ Pneumatici : ....
☐ Catena : ....
☐ Livello dell'olio : ....
☐ Fari : ....
☐ Freni : ....

☐ Strumenti : ....
☐ Vestiti : ....
☐ Kit medico : ....
☐ .... : ....
☐ .... : ....

Note | Altro

Viaggio n°......

Data di partenza : / /	Data di arrivo : / /
Ore : O	Ore : O

Percorso / Tipo di Strada

Percorso	Tipo di Strada
Numero di CM :	☐ Bitume ☐ Tutti i terreni
Numero di Ore :	☐ Altro : ....

Meteo

☼ ☾☁ ☁ 🌧 ⛈ ❄ *   💨 ☐1 ☐2 ☐3 ☐4 ☐5   🌡 .... C°/F

Itinerari / Mappa

Partenza
Luogo : ....
Luogo latitudine : ....
Luogo longitudine : ....

Arrivo
Luogo : ....
Luogo latitudine : ....
Luogo longitudine : ....

Verifiche tecniche pre-partenza

☐ Pneumatici :	☐ Strumenti : ....
☐ Catena :	☐ Vestiti : ....
☐ Livello dell'olio :	☐ Kit medico : ....
☐ Fari :	☐ .... : ....
☐ Freni :	☐ .... : ....

Note / Altro

Note

Altro

Viaggio n°......

Data di partenza : / /	Data di arrivo : / /
Ore : O	Ore : O

Percorso

Numero di CM : ....

Numero di Ore : ....

Tipo di Strada

☐ Bitume   ☐ Tutti i terreni

☐ Altro : ....

Meteo

☐ 1 ☐ 2 ☐ 3 ☐ 4 ☐ 5   .... C°/F

Itinerari

Partenza

Luogo : ....

Luogo latitudine : ....

Luogo longitudine : ....

Arrivo

Luogo : ....

Luogo latitudine : ....

Luogo longitudine : ....

Mappa

Verifiche tecniche pre-partenza

☐ Pneumatici : ....

☐ Catena : ....

☐ Livello dell'olio : ....

☐ Fari : ....

☐ Freni : ....

☐ Strumenti : ....

☐ Vestiti : ....

☐ Kit medico : ....

☐ .... : ....

☐ .... : ....

Note

Altro

Viaggio n°......

Data di partenza : / /	Data di arrivo : / /
Ore : O	Ore : O

Percorso | Tipo di Strada

Numero di CM : ....

Numero di Ore : ....

☐ Bitume ☐ Tutti i terreni

☐ Altro : ....

Meteo

☀ ⛅ ☁ 🌧 ⛈ ❄ 💨 ☐ 1 ☐ 2 ☐ 3 ☐ 4 ☐ 5   🌡 .... C°/F

Itinerari | Mappa

Partenza

Luogo : ....

Luogo latitudine : ....

Luogo longitudine : ....

Arrivo

Luogo : ....

Luogo latitudine : ....

Luogo longitudine : ....

Verifiche tecniche pre-partenza

☐ Pneumatici : .... ☐ Strumenti : ....

☐ Catena : .... ☐ Vestiti : ....

☐ Livello dell'olio : .... ☐ Kit medico : ....

☐ Fari : .... ☐ .... : ....

☐ Freni : .... ☐ .... : ....

Note | Altro

Viaggio n°......

Data di partenza : / /	Data di arrivo : / /
Ore : O	Ore : O

Percorso | ## Tipo di Strada

Numero di CM : ....

☐ Bitume   ☐ Tutti i terreni

Numero di Ore : ....

☐ Altro : ....

Meteo

☐ 1 ☐ 2 ☐ 3 ☐ 4 ☐ 5   .... C°/F

Itinerari | ## Mappa

Partenza
Luogo : ....
Luogo latitudine : ....
Luogo longitudine : ....

Arrivo
Luogo : ....
Luogo latitudine : ....
Luogo longitudine : ....

Verifiche tecniche pre-partenza

☐ Pneumatici : ....   ☐ Strumenti : ....
☐ Catena : ....   ☐ Vestiti : ....
☐ Livello dell'olio : ....   ☐ Kit medico : ....
☐ Fari : ....   ☐ .... : ....
☐ Freni : ....   ☐ .... : ....

Note | ## Altro

Viaggio n°......

Data di partenza : / /	Data di arrivo : / /
Ore : O	Ore : O

Percorso
Numero di CM : ....
Numero di Ore : ....

Tipo di Strada
☐ Bitume   ☐ Tutti i terreni
☐ Altro : ....

Meteo
☐1 ☐2 ☐3 ☐4 ☐5   .... C°/F

Itinerari

Partenza
Luogo : ....
Luogo latitudine : ....
Luogo longitudine : ....

Arrivo
Luogo : ....
Luogo latitudine : ....
Luogo longitudine : ....

Mappa

Verifiche tecniche pre-partenza

☐ Pneumatici : ....
☐ Catena : ....
☐ Livello dell'olio : ....
☐ Fari : ....
☐ Freni : ....

☐ Strumenti : ....
☐ Vestiti : ....
☐ Kit medico : ....
☐ .... : ....
☐ .... : ....

Note

Altro

Viaggio n°......

Data di partenza : / /	Data di arrivo : / /
Ore : O	Ore : O

Percorso | ## Tipo di Strada

Numero di CM : ....

Numero di Ore : ....

☐ Bitume   ☐ Tutti i terreni
☐ Altro : ....

Meteo

☐ 1 ☐ 2 ☐ 3 ☐ 4 ☐ 5   _____ C°/F

Itinerari | ## Mappa

Partenza
Luogo : ....
Luogo latitudine : ....
Luogo longitudine : ....

Arrivo
Luogo : ....
Luogo latitudine : ....
Luogo longitudine : ....

Verifiche tecniche pre-partenza

☐ Pneumatici : ....
☐ Catena : ....
☐ Livello dell'olio : ....
☐ Fari : ....
☐ Freni : ....

☐ Strumenti : ....
☐ Vestiti : ....
☐ Kit medico : ....
☐ .... : ....
☐ .... : ....

Note | ### Altro

Viaggio n°......

Data di partenza : / /	Data di arrivo : / /
Ore : O	Ore : O

Percorso | Tipo di Strada

Numero di CM : ....

Numero di Ore : ....

☐ Bitume   ☐ Tutti i terreni

☐ Altro : ....

Meteo

☐ 1   ☐ 2   ☐ 3   ☐ 4   ☐ 5   .... C°/F

Itinerari | Mappa

Partenza

Luogo : ....

Luogo latitudine : ....

Luogo longitudine : ....

Arrivo

Luogo : ....

Luogo latitudine : ....

Luogo longitudine : ....

Verifiche tecniche pre-partenza

☐ Pneumatici : ....

☐ Catena : ....

☐ Livello dell'olio : ....

☐ Fari : ....

☐ Freni : ....

☐ Strumenti : ....

☐ Vestiti : ....

☐ Kit medico : ....

☐ .... : ....

☐ .... : ....

Note | Altro

Viaggio n°......

Data di partenza : / /	Data di arrivo : / /
Ore : O	Ore : O

Percorso | Tipo di Strada

Numero di CM : ....
Numero di Ore : ....

☐ Bitume   ☐ Tutti i terreni
☐ Altro : ....

Meteo

☐ 1 ☐ 2 ☐ 3 ☐ 4 ☐ 5   .... C°/F

Itinerari | Mappa

Partenza
Luogo : ....
Luogo latitudine : ....
Luogo longitudine : ....

Arrivo
Luogo : ....
Luogo latitudine : ....
Luogo longitudine : ....

Verifiche tecniche pre-partenza

☐ Pneumatici : ....
☐ Catena : ....
☐ Livello dell'olio : ....
☐ Fari : ....
☐ Freni : ....

☐ Strumenti : ....
☐ Vestiti : ....
☐ Kit medico : ....
☐ .... : ....
☐ .... : ....

Note | Altro

Viaggio n°......

Data di partenza : / /	Data di arrivo : / /
Ore : O	Ore : O

Percorso

Numero di CM : ....

Numero di Ore : ....

Tipo di Strada

☐ Bitume   ☐ Tutti i terreni

☐ Altro : ....

Meteo

☀ ⛅ ☁ 🌧 🌨 ❄*   💨   ☐1 ☐2 ☐3 ☐4 ☐5   🌡........ C°/F

Itinerari

Partenza
Luogo : ....
Luogo latitudine : ....
Luogo longitudine : ....

Arrivo
Luogo : ....
Luogo latitudine : ....
Luogo longitudine : ....

Mappa

Verifiche tecniche pre-partenza

☐ Pneumatici :	☐ Strumenti : ....
☐ Catena :	☐ Vestiti : ....
☐ Livello dell'olio :	☐ Kit medico : ....
☐ Fari :	☐ .... : ....
☐ Freni :	☐ .... : ....

Note

Altro

Viaggio n°......

Data di partenza : / /	Data di arrivo : / /
Ore : O	Ore : O

Percorso / Tipo di Strada

Numero di CM : ....
Numero di Ore : ....

☐ Bitume ☐ Tutti i terreni
☐ Altro : ....

Meteo

☐ 1 ☐ 2 ☐ 3 ☐ 4 ☐ 5   ....C°/F

Itinerari / Mappa

Partenza
Luogo : ....
Luogo latitudine : ....
Luogo longitudine : ....

Arrivo
Luogo : ....
Luogo latitudine : ....
Luogo longitudine : ....

Verifiche tecniche pre-partenza

☐ Pneumatici : ....
☐ Catena : ....
☐ Livello dell'olio : ....
☐ Fari : ....
☐ Freni : ....

☐ Strumenti : ....
☐ Vestiti : ....
☐ Kit medico : ....
☐ .... : ....
☐ .... : ....

Note / Altro

Viaggio n°......

Data di partenza : / /	Data di arrivo : / /
Ore : O	Ore : O

Percorso | Tipo di Strada

Numero di CM : ....

Numero di Ore : ....

☐ Bitume   ☐ Tutti i terreni

☐ Altro : ....

Meteo

☐ 1 ☐ 2 ☐ 3 ☐ 4 ☐ 5   C°/F

Itinerari | Mappa

Partenza

Luogo : ....

Luogo latitudine : ....

Luogo longitudine : ....

Arrivo

Luogo : ....

Luogo latitudine : ....

Luogo longitudine : ....

Verifiche tecniche pre-partenza

☐ Pneumatici : ....

☐ Catena : ....

☐ Livello dell'olio : ....

☐ Fari : ....

☐ Freni : ....

☐ Strumenti : ....

☐ Vestiti : ....

☐ Kit medico : ....

☐ .... : ....

☐ .... : ....

Note | Altro

Viaggio n°......

Data di partenza : / /	Data di arrivo : / /
Ore : O	Ore : O

Percorso | ## Tipo di Strada

Numero di CM : ....
Numero di Ore : ....

☐ Bitume   ☐ Tutti i terreni
☐ Altro : ....

Meteo

☐ 1 ☐ 2 ☐ 3 ☐ 4 ☐ 5   .... C°/F

Itinerari | ## Mappa

Partenza
Luogo : ....
Luogo latitudine : ....
Luogo longitudine : ....

Arrivo
Luogo : ....
Luogo latitudine : ....
Luogo longitudine : ....

Verifiche tecniche pre-partenza

☐ Pneumatici : ....
☐ Catena : ....
☐ Livello dell'olio : ....
☐ Fari : ....
☐ Freni : ....

☐ Strumenti : ....
☐ Vestiti : ....
☐ Kit medico : ....
☐ .... : ....
☐ .... : ....

Note | ## *Altro*

....
....
....
....
....
....
....

Viaggio n°......

Data di partenza : / /	Data di arrivo : / /
Ore : O	Ore : O

Percorso
Numero di CM : ....
Numero di Ore : ....

Tipo di Strada
☐ Bitume   ☐ Tutti i terreni
☐ Altro : ....

Meteo

☀ ⛅ ☁ 🌧 ⛈ ❄   💨 ☐1 ☐2 ☐3 ☐4 ☐5   🌡 .... C°/F

Itinerari

Partenza
Luogo : ....
Luogo latitudine : ....
Luogo longitudine : ....

Arrivo
Luogo : ....
Luogo latitudine : ....
Luogo longitudine : ....

Mappa

Verifiche tecniche pre-partenza

☐ Pneumatici : ....
☐ Catena : ....
☐ Livello dell'olio : ....
☐ Fari : ....
☐ Freni : ....

☐ Strumenti : ....
☐ Vestiti : ....
☐ Kit medico : ....
☐ .... : ....
☐ .... : ....

Note

Altro

Viaggio n°......

Data di partenza : / /	Data di arrivo : / /
Ore : O	Ore : O

Percorso

Numero di CM : ....

Numero di Ore : ....

Tipo di Strada

☐ Bitume ☐ Tutti i terreni

☐ Altro : ....

Meteo

☐ 1 ☐ 2 ☐ 3 ☐ 4 ☐ 5   .... C°/F

Itinerari

Partenza

Luogo : ....

Luogo latitudine : ....

Luogo longitudine : ....

Arrivo

Luogo : ....

Luogo latitudine : ....

Luogo longitudine : ....

Mappa

Verifiche tecniche pre-partenza

☐ Pneumatici : ....

☐ Catena : ....

☐ Livello dell'olio : ....

☐ Fari : ....

☐ Freni : ....

☐ Strumenti : ....

☐ Vestiti : ....

☐ Kit medico : ....

☐ .... : ....

☐ .... : ....

Note

Altro

Viaggio n°......

Data di partenza : / /	Data di arrivo : / /
Ore : O	Ore : O

Percorso

Numero di CM : ....

Numero di Ore : ....

Tipo di Strada

☐ Bitume   ☐ Tutti i terreni

☐ Altro : ....

Meteo

☐ 1 ☐ 2 ☐ 3 ☐ 4 ☐ 5   .... C°/F

Itinerari

Partenza
Luogo : ....
Luogo latitudine : ....
Luogo longitudine : ....

Arrivo
Luogo : ....
Luogo latitudine : ....
Luogo longitudine : ....

Mappa

Verifiche tecniche pre-partenza

☐ Pneumatici : ....
☐ Catena : ....
☐ Livello dell'olio : ....
☐ Fari : ....
☐ Freni : ....

☐ Strumenti : ....
☐ Vestiti : ....
☐ Kit medico : ....
☐ .... : ....
☐ .... : ....

Note

Altro

Viaggio n°......

Data di partenza : / /	Data di arrivo : / /
Ore : O	Ore : O

Percorso | Tipo di Strada

Numero di CM : ....

Numero di Ore : ....

☐ Bitume   ☐ Tutti i terreni

☐ Altro : ....

Meteo

☐ 1 ☐ 2 ☐ 3 ☐ 4 ☐ 5   .... C°/F

Itinerari | Mappa

Partenza

Luogo : ....

Luogo latitudine : ....

Luogo longitudine : ....

Arrivo

Luogo : ....

Luogo latitudine : ....

Luogo longitudine : ....

Verifiche tecniche pre-partenza

☐ Pneumatici : ....   ☐ Strumenti : ....

☐ Catena : ....   ☐ Vestiti : ....

☐ Livello dell'olio : ....   ☐ Kit medico : ....

☐ Fari : ....   ☐ .... : ....

☐ Freni : ....   ☐ .... : ....

Note | Altro

Viaggio n°......

Data di partenza : / /	Data di arrivo : / /
Ore : O	Ore : O

Percorso
Numero di CM : ....
Numero di Ore : ....

Tipo di Strada
☐ Bitume ☐ Tutti i terreni
☐ Altro : ....

Meteo

☐ 1 ☐ 2 ☐ 3 ☐ 4 ☐ 5

.... C°/F

Itinerari

Partenza
Luogo : ....
Luogo latitudine : ....
Luogo longitudine : ....

Arrivo
Luogo : ....
Luogo latitudine : ....
Luogo longitudine : ....

Mappa

Verifiche tecniche pre-partenza

☐ Pneumatici : ....
☐ Catena : ....
☐ Livello dell'olio : ....
☐ Fari : ....
☐ Freni : ....

☐ Strumenti : ....
☐ Vestiti : ....
☐ Kit medico : ....
☐ .... : ....
☐ .... : ....

Note

Altro

Viaggio n°......

Data di partenza : / /	Data di arrivo : / /
Ore : O	Ore : O

Percorso | ## Tipo di Strada

Numero di CM : ....
Numero di Ore : ....

☐ Bitume   ☐ Tutti i terreni
☐ Altro : ....

Meteo

☐1 ☐2 ☐3 ☐4 ☐5   _____ C°/F

Itinerari | ## Mappa

Partenza
Luogo : ....
Luogo latitudine : ....
Luogo longitudine : ....

Arrivo
Luogo : ....
Luogo latitudine : ....
Luogo longitudine : ....

Verifiche tecniche pre-partenza

☐ Pneumatici : ....
☐ Catena : ....
☐ Livello dell'olio : ....
☐ Fari : ....
☐ Freni : ....

☐ Strumenti : ....
☐ Vestiti : ....
☐ Kit medico : ....
☐ .... : ....
☐ .... : ....

Note | ### Altro

Viaggio n°......

Data di partenza : / /	Data di arrivo : / /
Ore : O	Ore : O

Percorso / Tipo di Strada

Numero di CM : ....

Numero di Ore : ....

☐ Bitume   ☐ Tutti i terreni

☐ Altro : ....

Meteo

☐ 1 ☐ 2 ☐ 3 ☐ 4 ☐ 5   .... C°/F

Itinerari / Mappa

Partenza
Luogo : ....
Luogo latitudine : ....
Luogo longitudine : ....

Arrivo
Luogo : ....
Luogo latitudine : ....
Luogo longitudine : ....

Verifiche tecniche pre-partenza

☐ Pneumatici : ....

☐ Catena : ....

☐ Livello dell'olio : ....

☐ Fari : ....

☐ Freni : ....

☐ Strumenti : ....

☐ Vestiti : ....

☐ Kit medico : ....

☐ .... : ....

☐ .... : ....

Note / Altro

Viaggio n°......

Data di partenza : / /	Data di arrivo : / /
Ore : O	Ore : O

Percorso
Numero di CM : ....
Numero di Ore : ....

Tipo di Strada
☐ Bitume   ☐ Tutti i terreni
☐ Altro : ....

Meteo
☐1 ☐2 ☐3 ☐4 ☐5   ......C°/F

Itinerari

Partenza
Luogo : ....
Luogo latitudine : ....
Luogo longitudine : ....

Arrivo
Luogo : ....
Luogo latitudine : ....
Luogo longitudine : ....

Mappa

Verifiche tecniche pre-partenza

☐ Pneumatici : ....
☐ Catena : ....
☐ Livello dell'olio : ....
☐ Fari : ....
☐ Freni : ....

☐ Strumenti : ....
☐ Vestiti : ....
☐ Kit medico : ....
☐ .... : ....
☐ .... : ....

Note

....
....
....
....
....
....
....

Altro

Viaggio n°......

Data di partenza : / /	Data di arrivo : / /
Ore : O	Ore : O

Percorso

Numero di CM : ....

Numero di Ore : ....

Tipo di Strada

☐ Bitume   ☐ Tutti i terreni

☐ Altro : ....

Meteo

☐ 1 ☐ 2 ☐ 3 ☐ 4 ☐ 5   .... C°/F

Itinerari

Partenza
Luogo : ....
Luogo latitudine : ....
Luogo longitudine : ....

Arrivo
Luogo : ....
Luogo latitudine : ....
Luogo longitudine : ....

Mappa

Verifiche tecniche pre-partenza

☐ Pneumatici : ....

☐ Catena : ....

☐ Livello dell'olio : ....

☐ Fari : ....

☐ Freni : ....

☐ Strumenti : ....

☐ Vestiti : ....

☐ Kit medico : ....

☐ .... : ....

☐ .... : ....

Note

Altro

Viaggio n°......

Data di partenza : / /	Data di arrivo : / /
Ore : O	Ore : O

Percorso | Tipo di Strada

Numero di CM : .... ☐ Bitume   ☐ Tutti i terreni
Numero di Ore : .... ☐ Altro : ....

Meteo

☐ 1 ☐ 2 ☐ 3 ☐ 4 ☐ 5   ....C°/F

Itinerari | Mappa

Partenza
Luogo : ....
Luogo latitudine : ....
Luogo longitudine : ....

Arrivo
Luogo : ....
Luogo latitudine : ....
Luogo longitudine : ....

Verifiche tecniche pre-partenza

☐ Pneumatici : ....   ☐ Strumenti : ....
☐ Catena : ....   ☐ Vestiti : ....
☐ Livello dell'olio : ....   ☐ Kit medico : ....
☐ Fari : ....   ☐ .... : ....
☐ Freni : ....   ☐ .... : ....

Note | Altro

....
....
....
....
....
....
....
....

Viaggio n°......

Data di partenza : / /	Data di arrivo : / /
Ore : O	Ore : O

Percorso | Tipo di Strada

Numero di CM : ....

Numero di Ore : ....

☐ Bitume   ☐ Tutti i terreni

☐ Altro : ....

Meteo

☐1 ☐2 ☐3 ☐4 ☐5   .... C°/F

Itinerari | Mappa

Partenza
Luogo : ....
Luogo latitudine : ....
Luogo longitudine : ....

Arrivo
Luogo : ....
Luogo latitudine : ....
Luogo longitudine : ....

Verifiche tecniche pre-partenza

☐ Pneumatici : ....
☐ Catena : ....
☐ Livello dell'olio : ....
☐ Fari : ....
☐ Freni : ....

☐ Strumenti : ....
☐ Vestiti : ....
☐ Kit medico : ....
☐ .... : ....
☐ .... : ....

Note | Altro

Viaggio n°......

Data di partenza : / /	Data di arrivo : / /
Ore : O	Ore : O

Percorso

Numero di CM : ....

Numero di Ore : ....

Tipo di Strada

☐ Bitume ☐ Tutti i terreni

☐ Altro : ....

Meteo

☐1 ☐2 ☐3 ☐4 ☐5   .... C°/F

Itinerari

Partenza
Luogo : ....
Luogo latitudine : ....
Luogo longitudine : ....

Arrivo
Luogo : ....
Luogo latitudine : ....
Luogo longitudine : ....

Mappa

Verifiche tecniche pre-partenza

☐ Pneumatici : ....
☐ Catena : ....
☐ Livello dell'olio : ....
☐ Fari : ....
☐ Freni : ....

☐ Strumenti : ....
☐ Vestiti : ....
☐ Kit medico : ....
☐ .... : ....
☐ .... : ....

Note

....
....
....
....
....
....
....

Altro

Viaggio n°......

Data di partenza : / /	Data di arrivo : / /
Ore : O	Ore : O

Percorso

Numero di CM : ....

Numero di Ore : ....

Tipo di Strada

☐ Bitume   ☐ Tutti i terreni

☐ Altro : ....

Meteo

☐ 1 ☐ 2 ☐ 3 ☐ 4 ☐ 5   .... C°/F

Itinerari

Partenza
Luogo : ....
Luogo latitudine : ....
Luogo longitudine : ....

Arrivo
Luogo : ....
Luogo latitudine : ....
Luogo longitudine : ....

Mappa

Verifiche tecniche pre-partenza

☐ Pneumatici : ....

☐ Catena : ....

☐ Livello dell'olio : ....

☐ Fari : ....

☐ Freni : ....

☐ Strumenti : ....

☐ Vestiti : ....

☐ Kit medico : ....

☐ .... : ....

☐ .... : ....

Note

Altro

Viaggio n°......

Data di partenza : / /	Data di arrivo : / /
Ore : O	Ore : O

Percorso / Tipo di Strada

Numero di CM : ....
Numero di Ore : ....

☐ Bitume   ☐ Tutti i terreni
☐ Altro : ....

Meteo

☐1 ☐2 ☐3 ☐4 ☐5   .... C°/F

Itinerari / Mappa

Partenza
Luogo : ....
Luogo latitudine : ....
Luogo longitudine : ....

Arrivo
Luogo : ....
Luogo latitudine : ....
Luogo longitudine : ....

Verifiche tecniche pre-partenza

☐ Pneumatici : ....
☐ Catena : ....
☐ Livello dell'olio : ....
☐ Fari : ....
☐ Freni : ....

☐ Strumenti : ....
☐ Vestiti : ....
☐ Kit medico : ....
☐ .... : ....
☐ .... : ....

Note

Altro

Viaggio n°......

Data di partenza : / /	Data di arrivo : / /
Ore : O	Ore : O

Percorso

Numero di CM : ....

Numero di Ore : ....

Tipo di Strada

☐ Bitume ☐ Tutti i terreni

☐ Altro : ....

Meteo

☐ 1 ☐ 2 ☐ 3 ☐ 4 ☐ 5   .... C°/F

Itinerari

Partenza

Luogo : ....

Luogo latitudine : ....

Luogo longitudine : ....

Arrivo

Luogo : ....

Luogo latitudine : ....

Luogo longitudine : ....

Mappa

Verifiche tecniche pre-partenza

☐ Pneumatici : ....

☐ Catena : ....

☐ Livello dell'olio : ....

☐ Fari : ....

☐ Freni : ....

☐ Strumenti : ....

☐ Vestiti : ....

☐ Kit medico : ....

☐ .... : ....

☐ .... : ....

Note

Altro

Viaggio n°......

Data di partenza : / /	Data di arrivo : / /
Ore : O	Ore : O

Percorso | Tipo di Strada

Numero di CM : ....

Numero di Ore : ....

☐ Bitume ☐ Tutti i terreni

☐ Altro : ....

Meteo

☐ 1 ☐ 2 ☐ 3 ☐ 4 ☐ 5   ....C°/F

Itinerari | Mappa

Partenza

Luogo : ....

Luogo latitudine : ....

Luogo longitudine : ....

Arrivo

Luogo : ....

Luogo latitudine : ....

Luogo longitudine : ....

Verifiche tecniche pre-partenza

☐ Pneumatici : .... ☐ Strumenti : ....

☐ Catena : .... ☐ Vestiti : ....

☐ Livello dell'olio : .... ☐ Kit medico : ....

☐ Fari : .... ☐ .... : ....

☐ Freni : .... ☐ .... : ....

Note | Altro

Viaggio n°......

Data di partenza : / /	Data di arrivo : / /
Ore : O	Ore : O

Percorso

Numero di CM : ....

Numero di Ore : ....

Tipo di Strada

☐ Bitume   ☐ Tutti i terreni

☐ Altro : ....

Meteo

☐ 1   ☐ 2   ☐ 3   ☐ 4   ☐ 5   .... C°/F

Itinerari

Partenza
Luogo : ....
Luogo latitudine : ....
Luogo longitudine : ....

Arrivo
Luogo : ....
Luogo latitudine : ....
Luogo longitudine : ....

Mappa

Verifiche tecniche pre-partenza

☐ Pneumatici :	☐ Strumenti : ....
☐ Catena :	☐ Vestiti : ....
☐ Livello dell'olio :	☐ Kit medico : ....
☐ Fari :	☐ .... : ....
☐ Freni :	☐ .... : ....

Note

Altro

Viaggio n°......

Data di partenza : / /	Data di arrivo : / /
Ore : O	Ore : O

Percorso / Tipo di Strada

Numero di CM : ....

Numero di Ore : ....

☐ Bitume   ☐ Tutti i terreni

☐ Altro : ....

Meteo

☐1 ☐2 ☐3 ☐4 ☐5   .... C°/F

Itinerari / Mappa

Partenza
Luogo : ....
Luogo latitudine : ....
Luogo longitudine : ....

Arrivo
Luogo : ....
Luogo latitudine : ....
Luogo longitudine : ....

Verifiche tecniche pre-partenza

☐ Pneumatici : ....

☐ Catena : ....

☐ Livello dell'olio : ....

☐ Fari : ....

☐ Freni : ....

☐ Strumenti : ....

☐ Vestiti : ....

☐ Kit medico : ....

☐ .... : ....

☐ .... : ....

Note / Altro

Viaggio n°......

Data di partenza : / /	Data di arrivo : / /
Ore : O	Ore : O

Percorso / Tipo di Strada

Numero di CM : ....

Numero di Ore : ....

☐ Bitume   ☐ Tutti i terreni

☐ Altro : ....

Meteo

☐ 1 ☐ 2 ☐ 3 ☐ 4 ☐ 5   .... C°/F

Itinerari

Partenza

Luogo : ....

Luogo latitudine : ....

Luogo longitudine : ....

Arrivo

Luogo : ....

Luogo latitudine : ....

Luogo longitudine : ....

Mappa

Verifiche tecniche pre-partenza

☐ Pneumatici : ....

☐ Catena : ....

☐ Livello dell'olio : ....

☐ Fari : ....

☐ Freni : ....

☐ Strumenti : ....

☐ Vestiti : ....

☐ Kit medico : ....

☐ .... : ....

☐ .... : ....

Note

....
....
....
....
....
....

Altro

....
....
....
....
....
....

Viaggio n°......

Data di partenza : / /	Data di arrivo : / /
Ore : O	Ore : O

Percorso | Tipo di Strada

Numero di CM : ....
Numero di Ore : ....

☐ Bitume ☐ Tutti i terreni
☐ Altro : ....

Meteo

☐ 1 ☐ 2 ☐ 3 ☐ 4 ☐ 5   .... C°/F

Itinerari | Mappa

Partenza
Luogo : ....
Luogo latitudine : ....
Luogo longitudine : ....

Arrivo
Luogo : ....
Luogo latitudine : ....
Luogo longitudine : ....

Verifiche tecniche pre-partenza

☐ Pneumatici : ....
☐ Catena : ....
☐ Livello dell'olio : ....
☐ Fari : ....
☐ Freni : ....

☐ Strumenti : ....
☐ Vestiti : ....
☐ Kit medico : ....
☐ .... : ....
☐ .... : ....

Note | Altro

Viaggio n°......

Data di partenza :   /   /
Ore :   O

Data di arrivo :   /   /
Ore :   O

Percorso

Numero di CM : ....

Numero di Ore : ....

Tipo di Strada

☐ Bitume   ☐ Tutti i terreni

☐ Altro : ....

Meteo

☐ 1   ☐ 2   ☐ 3   ☐ 4   ☐ 5   .... C°/F

Itinerari

Partenza
Luogo : ....
Luogo latitudine : ....
Luogo longitudine : ....

Arrivo
Luogo : ....
Luogo latitudine : ....
Luogo longitudine : ....

Mappa

Verifiche tecniche pre-partenza

☐ Pneumatici : ....
☐ Catena : ....
☐ Livello dell'olio : ....
☐ Fari : ....
☐ Freni : ....

☐ Strumenti : ....
☐ Vestiti : ....
☐ Kit medico : ....
☐ .... : ....
☐ .... : ....

Note

Altro